AF388754

60

AQUARELLES

PAR

Charles TOCHÉ

DONT LA VENTE AURA LIEU

HOTEL DROUOT, SALLE N° 5

Le Mardi 17 Mai 1887

à deux heures.

COMMISSAIRE-PRISEUR

Mᵉ **G. BOULLAND**, 26, rue des Petits-Champs, 26

EXPERTS

M. S. MAYER	**M. E. SORTAIS**
5, rue Laffitte. 5	23, rue des Capucines, 23

EXPOSITIONS

PARTICULIÈRE	PUBLIQUE
Le Dimanche 15 Mai 1887	**Le Lundi 16 Mai 1887**

CONDITIONS DE LA VENTE

Elle sera faite au comptant.

Les adjudicataires payeront *cinq pour cent* en sus des enchères.

Paris. — Imprimerie de l'Art. E. Ménard et J. Augry
41, rue de la Victoire.

DÉSIGNATION

1 — *Interprète.*

Haut., 2 m. 18 cent.; larg., 1 m. 28 cent.

2 — *Sardanapale.*

Haut., 1 m. 22 cent.; larg., 1 mètre.

3 — *Guerrier négus.*

Haut., 90 cent.; larg., 63 cent.

4 — *Tête d'étude.*

Haut., 75 cent.; larg., 52 cent.

5 — *Un Fumeur.*

Haut., 45 cent.; larg., 30 cent.

6 — *L'Église du bourg de Batz.*

Haut., 67 cent.; larg., 93 cent.

7 — *Une Rue, à Catane.*

Haut., 22 cent.; larg., 13 cent.

8 — *Place du Dôme; Catane.*

Haut., 27 cent.; larg., 38 cent.

9 — *Place à Setiman.*

Haut., 29 cent.; larg., 45 cent.

10 — *Rue à Trapani.*

Haut., 27 cent.; larg., 38 cent.

11 — *Vue d'Andrinople.*

Haut., 30 cent.; larg., 46 cent.

12 — *Boucherie à Venise.*

Haut., 30 cent.; larg., 45 cent.

13 — *Rue à Brousse.*

> Haut., 44 cent.; larg., 29 cent.

14 — *Pompei.*

> Haut., 29 cent.; larg., 44 cent.

15 — *Coucher de soleil ; Venise.*

> Haut., 20 cent.; larg., 22 cent.

16 — *Le Mirhab ; Cordoue.*

> Haut., 42 cent.; larg., 29 cent.

17 — *Sénateur romain.*

> Haut., 93 cent.; larg., 56 cent.

18 — *Le Margrave de Beyreuth.*

> Haut., 55 cent.; larg., 68 cent.

19 — *Luigi, chef muletier.*

> Haut., 48 cent.; larg., 33 cent.

20 — *Bouboule en toilette de cérémonie.*

Étude de chien carlin.

Haut., 70 cent.; larg., 42 cent.

21 — *Swell, chien griffon.*

22 — *Artichaut en fleurs.*

Étude.

Haut., 44 cent.; larg., 28 cent.

23 — *Fleurs.*

Haut., 1 m. 12 cent.; larg., 84 cent.

24 — *Pavots et capucines.*

Haut., 1 m. 47 cent.; larg., 1 mètre.

25 — *L'Air et l'Eau.*

Panneau décoratif.

Haut., 1 m. 30 cent.; larg., 50 cent.

26 — *Le Cher*.

Allégorie.

Haut., 67 cent.; larg., 1 mètre.

27 — *L'Océanie*.

Allégorie.

Haut., 1 m. 5 cent.; larg., 73 cent.

28 — *La Céramique*.

Panneau décoratif.

Haut., 1 mètre; larg., 70 cent.

29 — *Manœuvre breton*.

Haut., 85 cent.; larg., 54 cent.

30 — *Diane*.

Esquisse pour plafond.

Haut., 1 m. 17 cent.; larg., 53 cent.

31 — *Les Jardiniers de Chenonceaux*.

Haut., 59 cent.; larg., 72 cent.

32 — *La Concha.*

> Haut., 58 cent.; larg., 42 cent.

33 — *Femmes Tziganes.*

> Haut., 53 cent.; larg., 48 cent

34 — *Étude de parapluie.*

> Haut., 3o cent.; larg., 45 cent.

35 — *Draga, femme de Nish.*

> Haut., 45 cent.; larg., 3o cent

36 — *Femme de Nish.*

> Haut., 45 cent.; larg., 3o cent.

37 — *Vierge tourangelle.*

> Haut., 65 cent.; larg., 54 cent.

38 — *Maçon, à Nish.*

> Haut., 45 cent.; larg., 3o cent

39 — *Mendiant ; Cordoue.*

Haut., 52 cent.; larg., 34 cent.

40 — *Un Reître.*

Haut., 1 mètre; larg., 78 cent.

41 — *Un Paysan.*

Médaillon.

Diam., 55 cent.

42 — *Paludier du bourg de Batz.*

Haut., 80 cent.; larg., 60 cent.

43 — *Les Trois Parques.*

Haut., 1 m. 27 cent.; larg., 1 m. 88 cent.

44 — *Le Faisan.*

Haut., 67 cent.; larg., 1 mètre.

45 — *Guerrier japonais.*

Haut., 1 mètre; larg., 66 cent.

46 — *Intérieur de gitanes.*

> Haut., 52 cent.; larg., 34 cent.

47 — *Saint Jérôme.*

> Haut., 74 cent.; larg., 55 cent.

48 — *Notre-Dame-des-Douleurs (Sé-ville).*

> Haut., 42 cent.; larg., 29 cent.

49 — *Lubine et Vieille, poissons.*

> Haut., 94 cent.; larg., 49 cent.

50 — *Les Litanies de la Vierge.*

> Haut., 85 cent.; larg., 53 cent.

51 — *Un Tzigane.*

> Haut., 5? cent.; larg., 43 cent.

52 — *Maison à Pompei.*

> Haut., 33 cent.; larg., 42 cent.

53 — *Maison du Custode ; Séville.*

> Haut., 32 cent.; larg., 42 cent.

54 — *Moulin du bourg de Batz.*

> Haut., 45 cent.; larg., 30 cent.

55 — *Un Canard.*

Médaillon.

> Diam., 49 cent.

56 — *Théâtre de Taormine.*

> Haut., 28 cent.; larg., 39 cent.

57 — *Portefaix turc.*

> Haut., 33 cent.; larg., 22 cent.

58 — *Cimetière rouméliote.*

> Haut., 30 cent.; larg., 45 cent.

59 — *San Giovani ; Palerme.*

Haut., 28 cent.; larg., 39 cent.

60 — *Pompei.*

Haut., 13 cent.; larg., 21 cent.

www.ingramcontent.com/pod-product-compliance
Lightning Source LLC
LaVergne TN
LVHW010307190726
843502LV00014B/3660